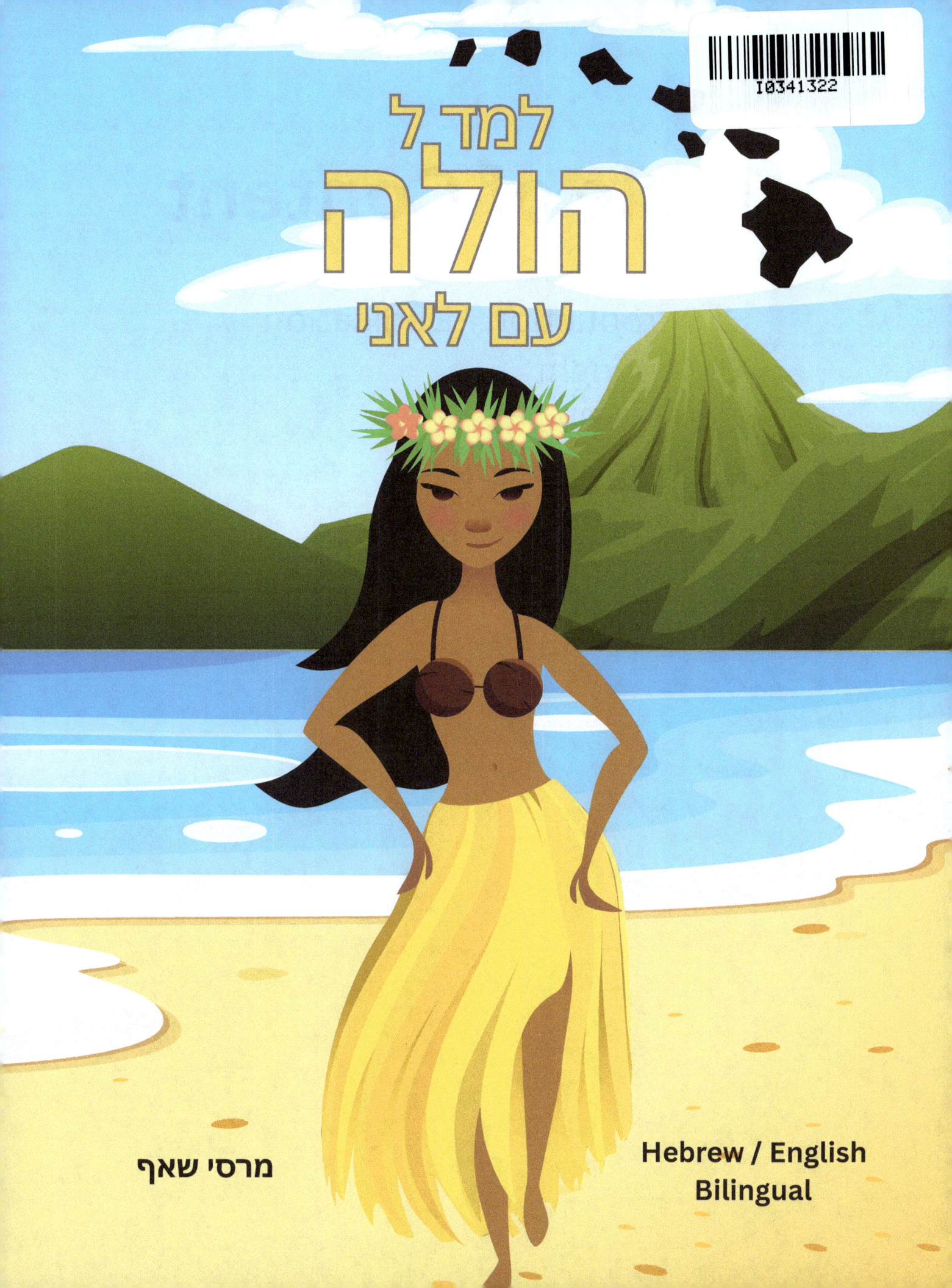

למד ל
הולה
עם לאני

מרסי שאף

Hebrew / English
Bilingual

Table of Content

1. Introduction / Dedication
2. Copyright
3. Story Begins
4. Ending credits

Author Bio: Marcy Schaaf

Marcy Schaaf is an internationally acclaimed children's book author celebrated for her unique ability to bring real-life events and current topics into the world of young readers. From exploring the future of technology—like using AI to plan the perfect vacation—to empowering stories about being non-binary, autism, and the art of conversation mapping, Marcy's work is both timely and transformative.

A true global citizen, Marcy has traveled the world, drawing inspiration from the vibrant culture of Grenada, the breathtaking beauty of Hawaii, and the timeless charm of Italy, where she now calls home. Her works resonate with readers from all corners of the globe, and her storytelling reflects the richness of these diverse experiences.

Marcy's innovative voice has not only earned her a loyal readership but also established her as a literary force with a mission to engage young minds in the complexities of our world. Her ability to make topics like social media influence and inclusion accessible and exciting for kids has made her a household name.

For her most dedicated readers, Marcy offers a Book of the Month Club!

And her exclusive Members ONLY Program that gives fans access to brand-new stories not available in retail markets, behind-the-scenes content, and insights into her creative process. Members can choose from 15 languages, receive monthly book shipments, and unlock special content designed exclusively for them. This program also includes members-only events that are by invitation worldwide and a private message from the author on your birthday.

With a heart for storytelling and a passion for inspiring the next generation, Marcy Schaaf continues to push boundaries, one unforgettable book at a time.

ביוגרפיה של המחברת: מרסי שאף מרסי שאף היא סופרת ספרי ילדים מוכרת בינלאומית, הידועה בזכות יכולתה הייחודית להביא אירועים אמיתיים ונושאים אקטואליים לעולמם של קוראים צעירים. החל מחקר עתיד הטכנולוגיה - כמו שימוש בבינה מלאכותית לתכנון החופשה המושלמת - ועד לסיפורים מעצימים על היותך לא בינארי, אוטיזם ואמנות מיפוי השיחות, עבודתה של מרסי היא גם עכשווית וגם טרנספורמטיבית.

כאזרחית עולמית אמיתית, מרסי טיילה ברחבי העולם, שואבת השראה מהתרבות התוססת של גרנדה, מהיופי עוצר הנשימה של הוואי ומהקסם הנצחי של איטליה, שם היא קוראת כיום בית. עבודותיה מהדהדות בקרב קוראים מכל קצוות תבל, וסיפורה משקף את העושר של חוויות מגוונות אלה.

קולה החדשני של מרסי לא רק זיכה אותה בקהל קוראים נאמן, אלא גם ביסס אותה ככוח ספרותי בעל משימה לערב מוחות צעירים במורכבויות עולמנו. יכולתה להפוך נושאים כמו השפעה והשתלבות ברשתות החברתיות לנגישים ומרגשים עבור ילדים הפכה אותה לשם דבר.

לקוראיה המסורים ביותר, מרסי מציעה מועדון ספר החודש! ותוכנית החברים הבלעדית שלה, המעניקה למעריצים גישה לסיפורים חדשים לגמרי שאינם זמינים בשווקי הקמעונאות, תוכן מאחורי הקלעים ותובנות על תהליך היצירה שלה. חברים יכולים לבחור מבין 15 שפות, לקבל משלוחי ספרים חודשיים ולפתוח תוכן מיוחד שתוכנן במיוחד עבורם. תוכנית זו כוללת גם אירועים לחברים בלבד המתקיימים בהזמנה ברחבי העולם והודעה פרטית מהסופרת ביום ההולדת.

עם לב לסיפורים ותשוקה לעורר השראה בדור הבא, מרסי שאף ממשיכה לדחוף גבולות, ספר בלתי נשכח אחד בכל פעם.

Aloha,

Welcome to the magical islands of Hawaii, where the sun kisses the ocean, and the palm trees sway with the breeze. In this book, you will join young Lani on an enchanting journey to learn the art of hula, a traditional Hawaiian dance that tells beautiful stories through graceful movements.

Hula is more than just a dance; it's a way to share love, respect, and the vibrant culture of Hawaii. With each step and gesture, hula dancers bring legends, nature, and emotions to life. In "Learn to HULA with Lani," you will discover the meanings behind each hula movement and learn how to dance with your heart.

So, put on your dancing feet, and let's begin our adventure with Lani and her wise grandmother, Tutu. Together, we'll explore the joy and spirit of hula, step by step.

Aloha and enjoy the dance!

להתראות,

ברוכים הבאים לאיים הקסומים של הוואי, שם השמש נושקת לאוקיינוס, ועצי הדקל מתנועעים עם הרוח. בספר זה, תצטרפו ללאני הצעירה למסע קסום כדי ללמוד את אמנות ההולה, ריקוד הוואי מסורתי המספר סיפורים יפים באמצעות תנועות חינניות.

הולה היא יותר מסתם ריקוד; זוהי דרך לחלוק אהבה, כבוד והתרבות התוססת של הוואי. עם כל צעד ומחוות, רקדני הולה מחיים אגדות, טבע ורגשות. ב"למדו לעשות הולה עם לאני", תגלו את המשמעויות שמאחורי כל תנועת הולה ותלמדו איך לרקוד עם הלב שלכם.

אז, שימו רגלי ריקוד, ובואו נתחיל את ההרפתקה שלנו עם לאני וסבתה החכמה, טוטו. יחד, נחקור את שמחת ורוח ההולה, צעד אחר צעד.

אלוהה ותהנו מהריקוד!

Copywrite @ Marcy Schaaf 2024
Learn the HULA with Lani

On a sunny island in Hawaii, young Lani wanted to learn the hula.

באי שטוף שמש בהוואי, לאני הצעירה רצתה ללמוד לנגן את הולה.

She asked her grandmother, "Tutu, can you teach me the hula dance?"

היא שאלה את סבתה, "טוטו, את יכולה ללמד אותי את ריקוד ההולה?"

"Of course, Lani!" Tutu said. "Hula tells beautiful stories."

"ברור, לני!" אמר טוטו. "הולה מספרת סיפורים יפים."

"First, we begin with the 'kaholo.' It's a side-to-side step."

"ראשית, אנחנו מתחילים עם ה'קהולו'.
זהו צעד מצד לצד."

"The 'kaholo' step represents the flowing ocean waves."

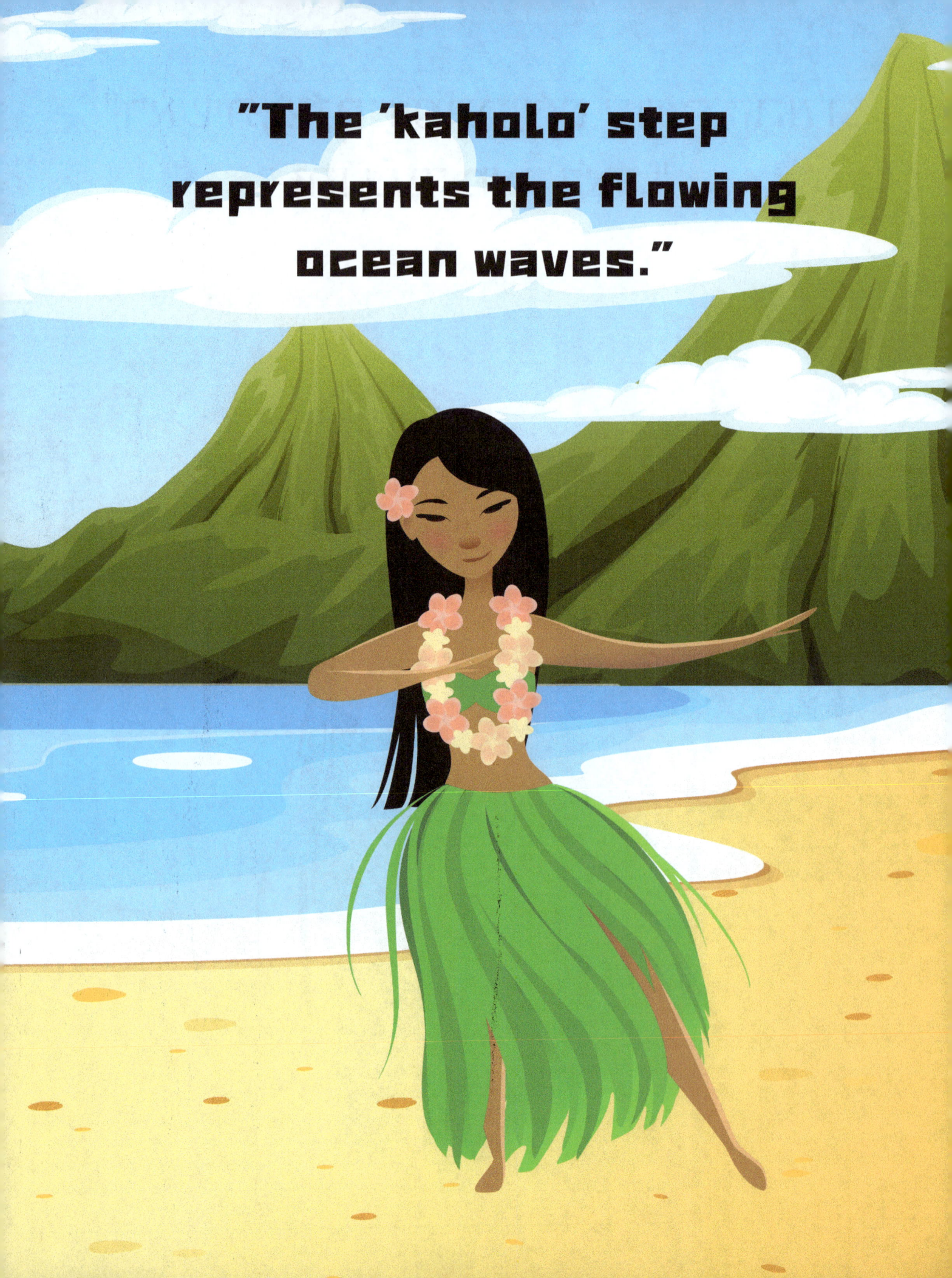

"מדרגת ה'קהולו' מייצגת את גלי האוקיינוס הזורמים."

Lani practiced her 'kaholo' step, imagining the waves.

לני תרגלה את צעד ה"קהולו" שלה, מדמיינת את הגלים.

"Next, we learn the 'ami,' a circular hip movement," said Tutu.

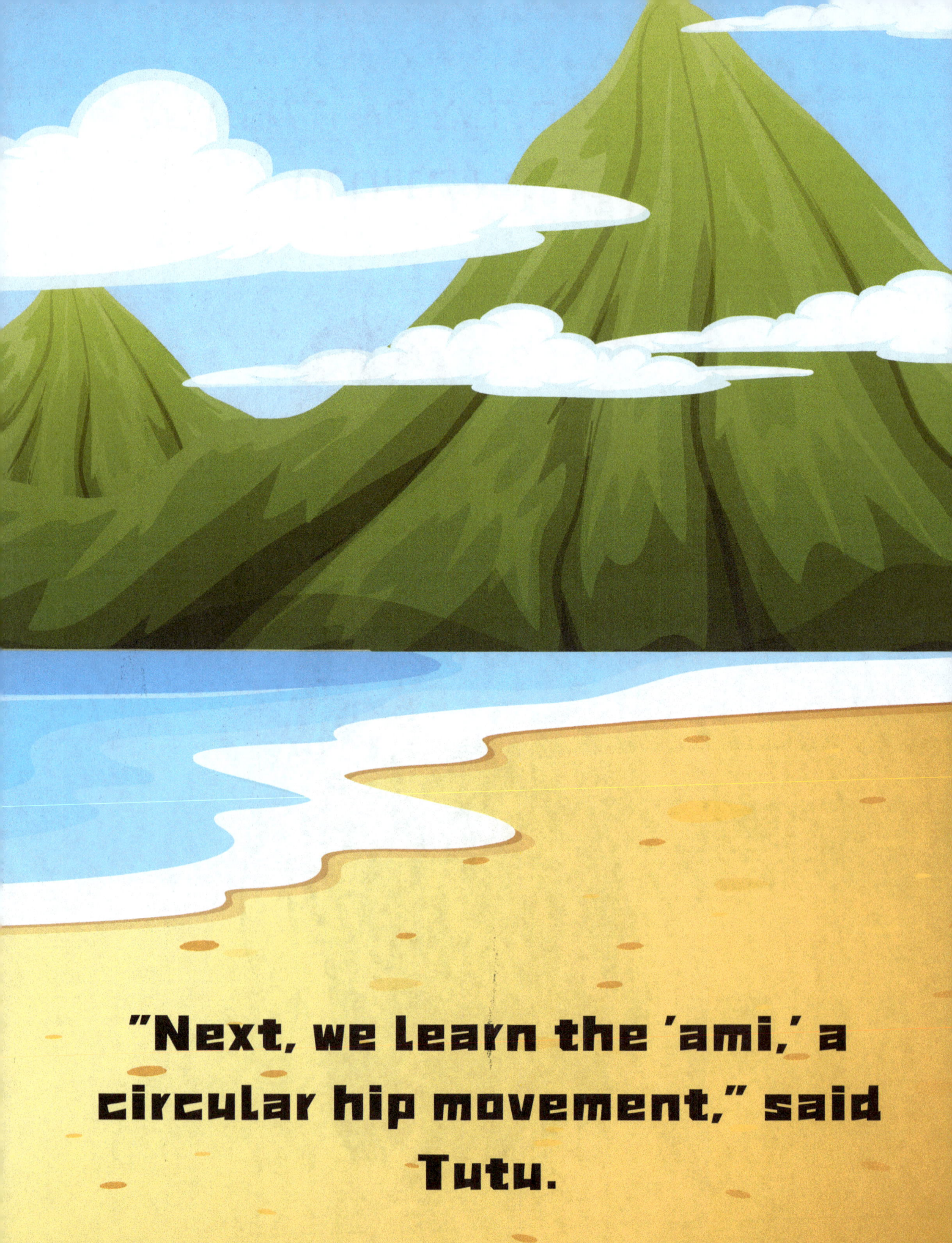

"לאחר מכן, אנחנו לומדים את ה'אמי', תנועת ירך מעגלית", אמר טוטו.

"The 'ami' symbolizes the rolling hills of Hawaii."

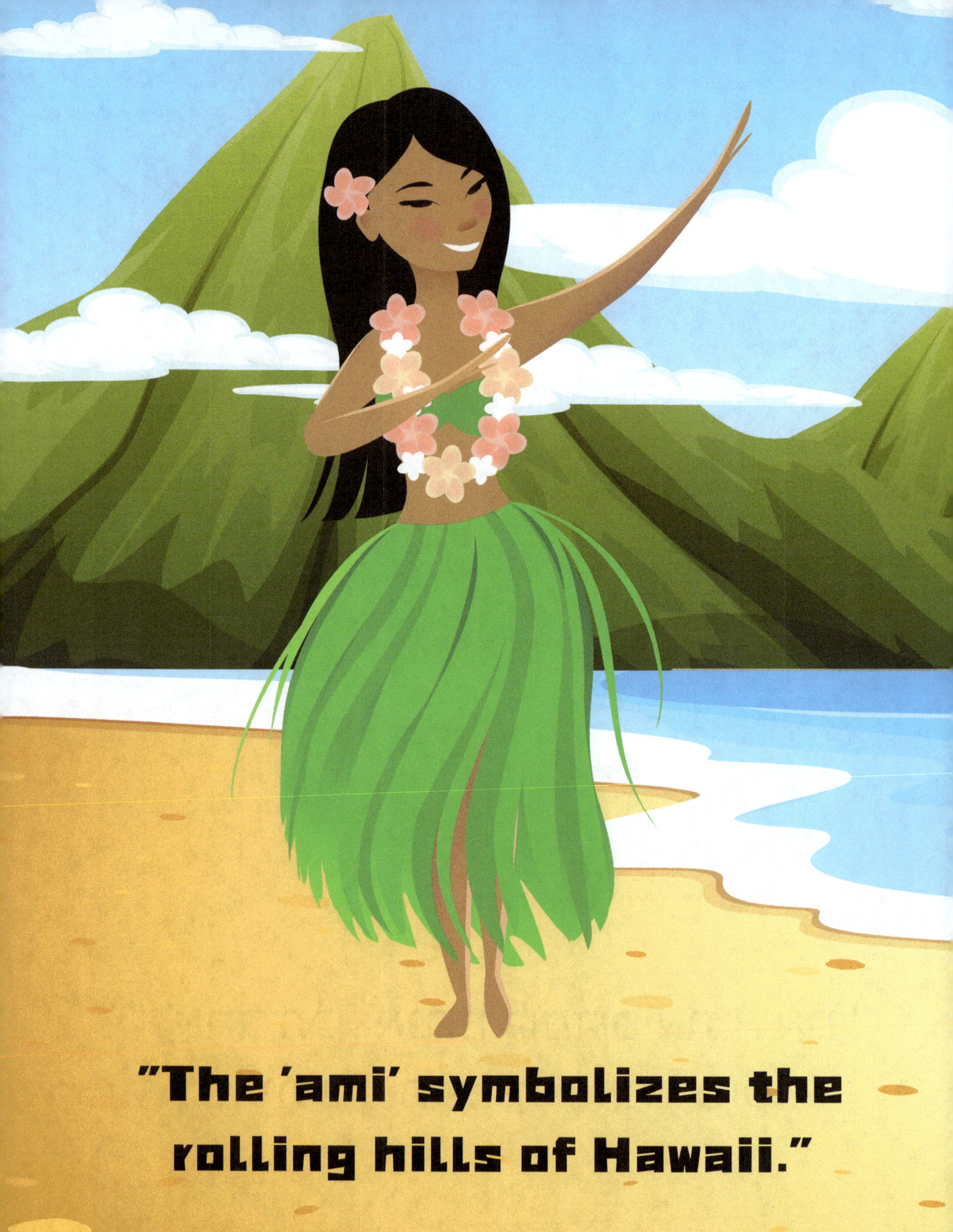

"ה'אמי' מסמל את הגבעות המתגלגלות של הוואי."

Lani's hips moved in circles like the hills.

ירכיה של לני נעו במעגלים כמו גבעות.

"Now, the 'uwehe,' lifting one foot, then the other," Tutu instructed.

"עכשיו, ה'אוואהה', הרמת רגל אחת, ואז השנייה," הורה טוטו.

"The 'uwehe' shows joy and excitement."

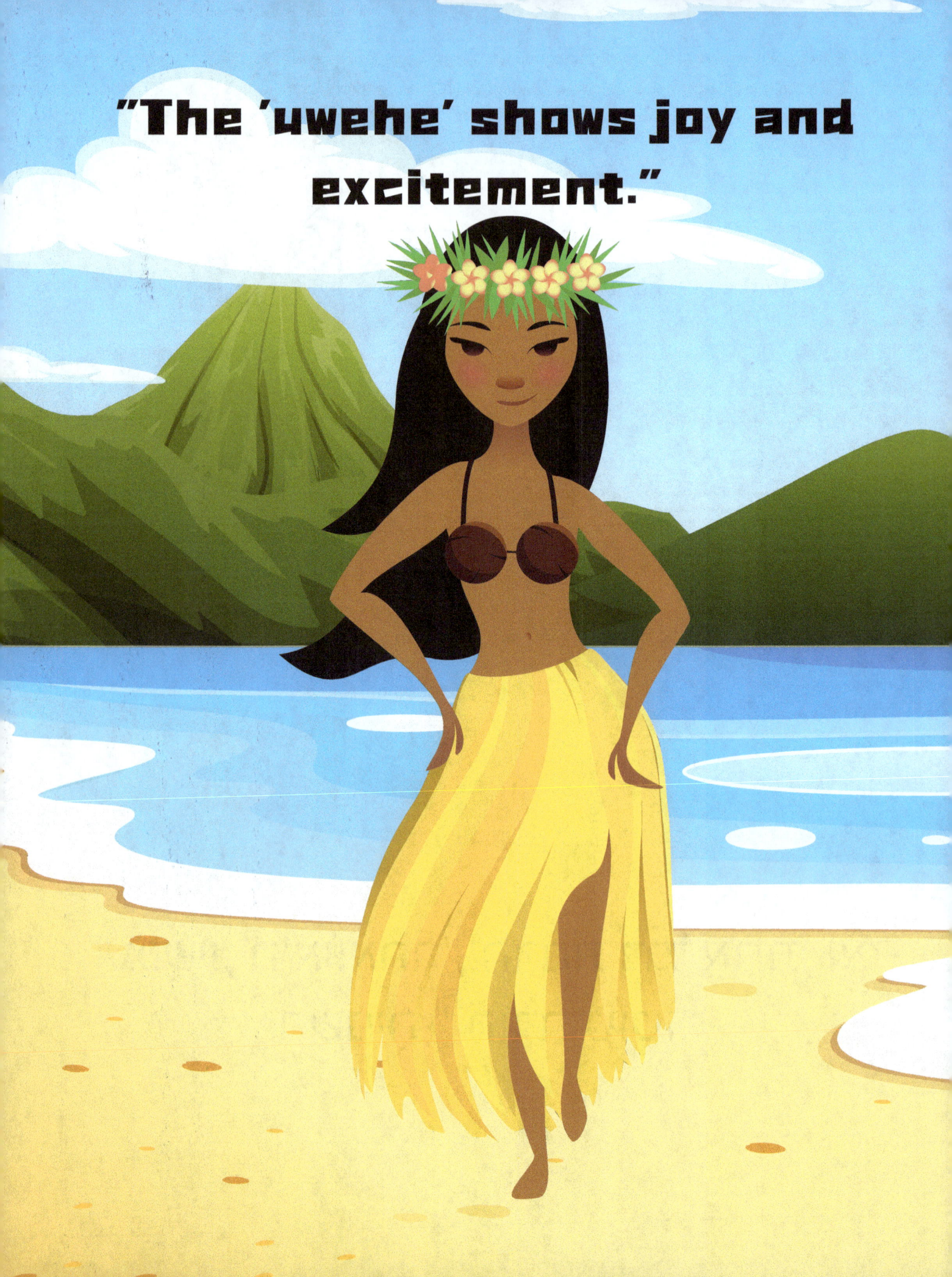

"ה'אוואהה' מראה שמחה והתרגשות."

Lani's feet danced with joy, just like the 'uwehe.'

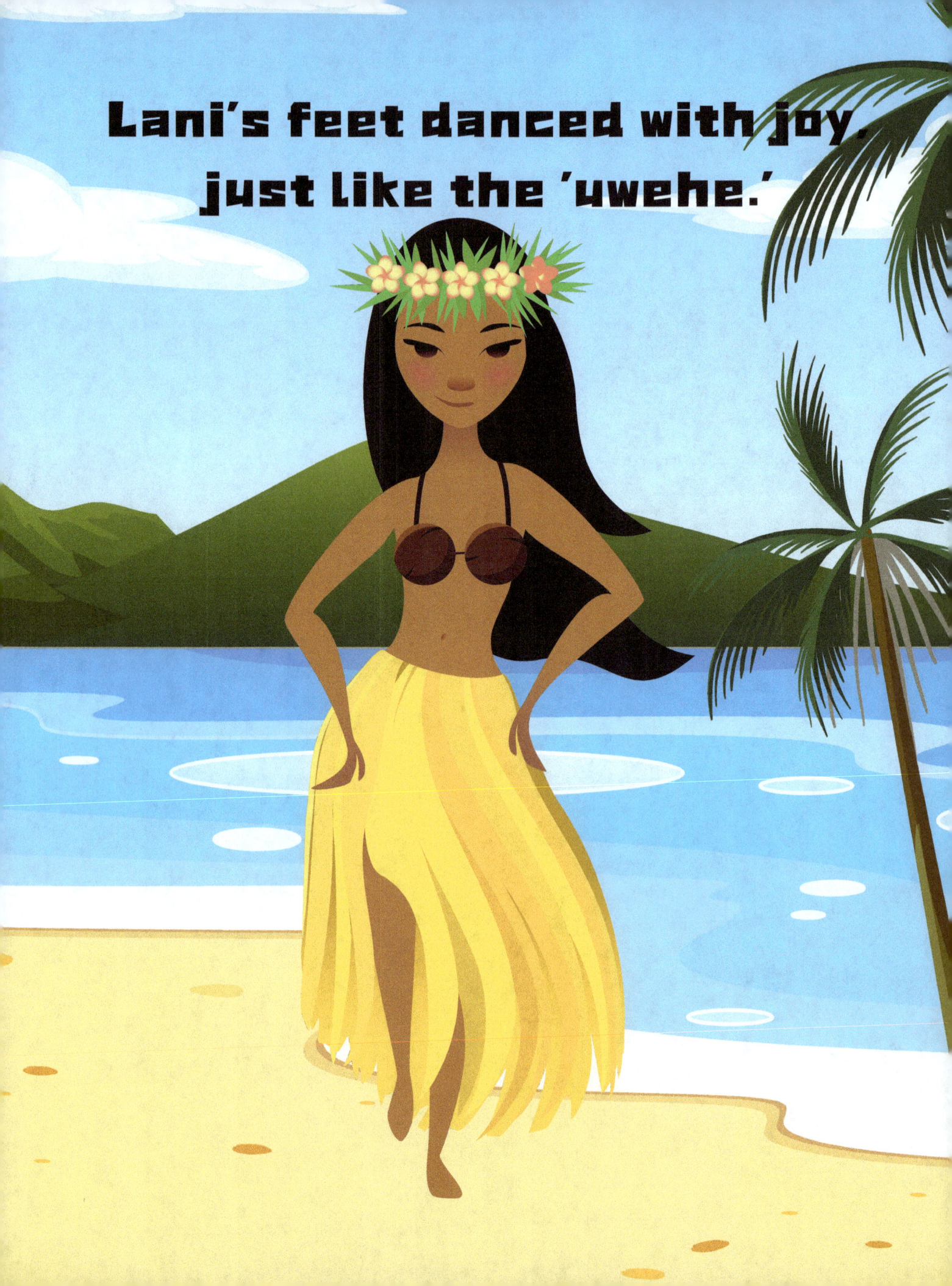

רגליה של לאני רקדו משמחה,
בדיוק כמו ה'אוואהה'.

"Finally, the 'hela,' stepping forward and back," said Tutu.

"לבסוף, ה'הלה', צועד קדימה ואחורה", אמר טוטו.

"The 'hela' represents balance and connection."

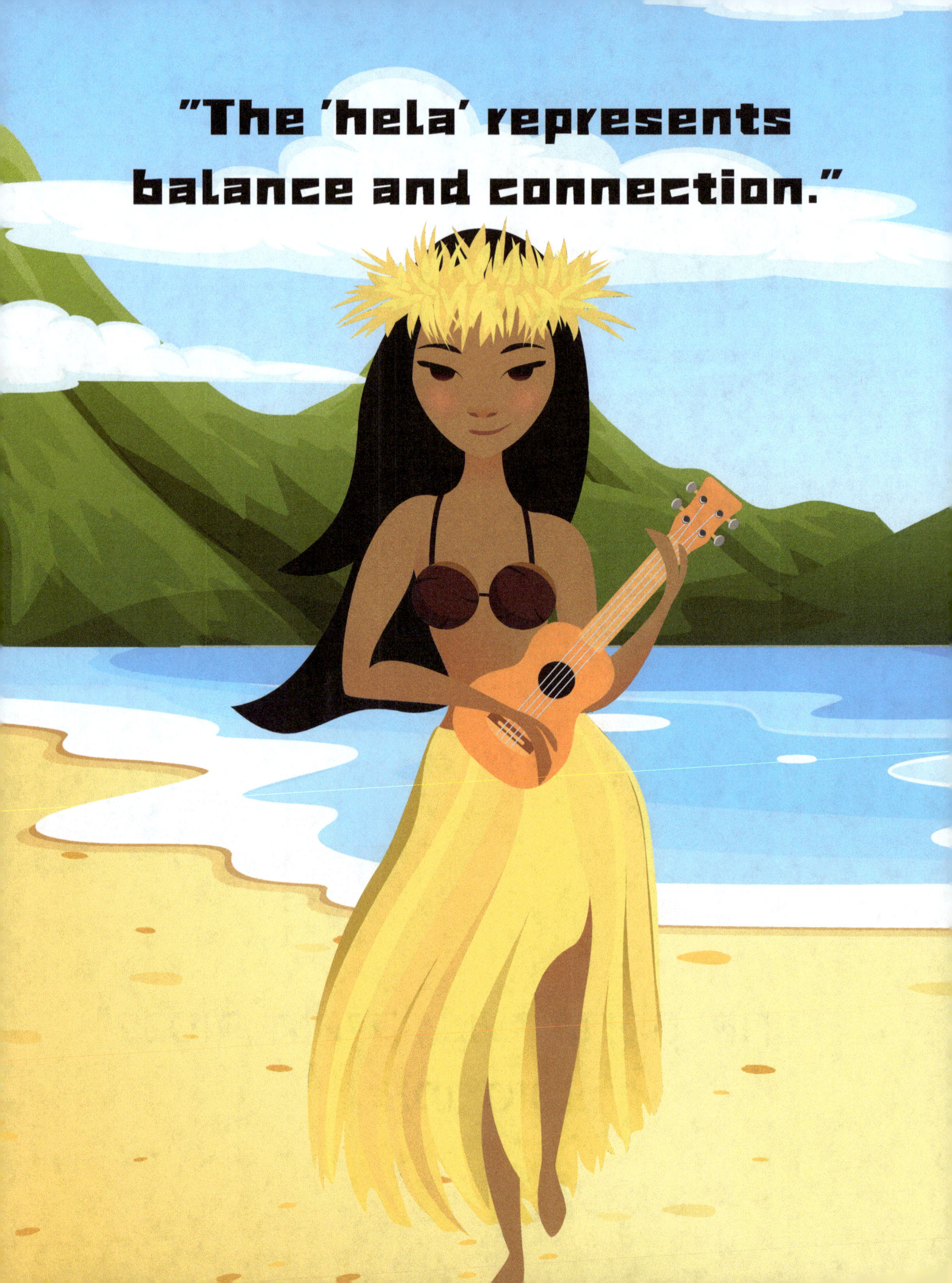

"ה'לה' מייצגת איזון וחיבור."

Lani practiced the 'hela,' feeling balanced and connected.

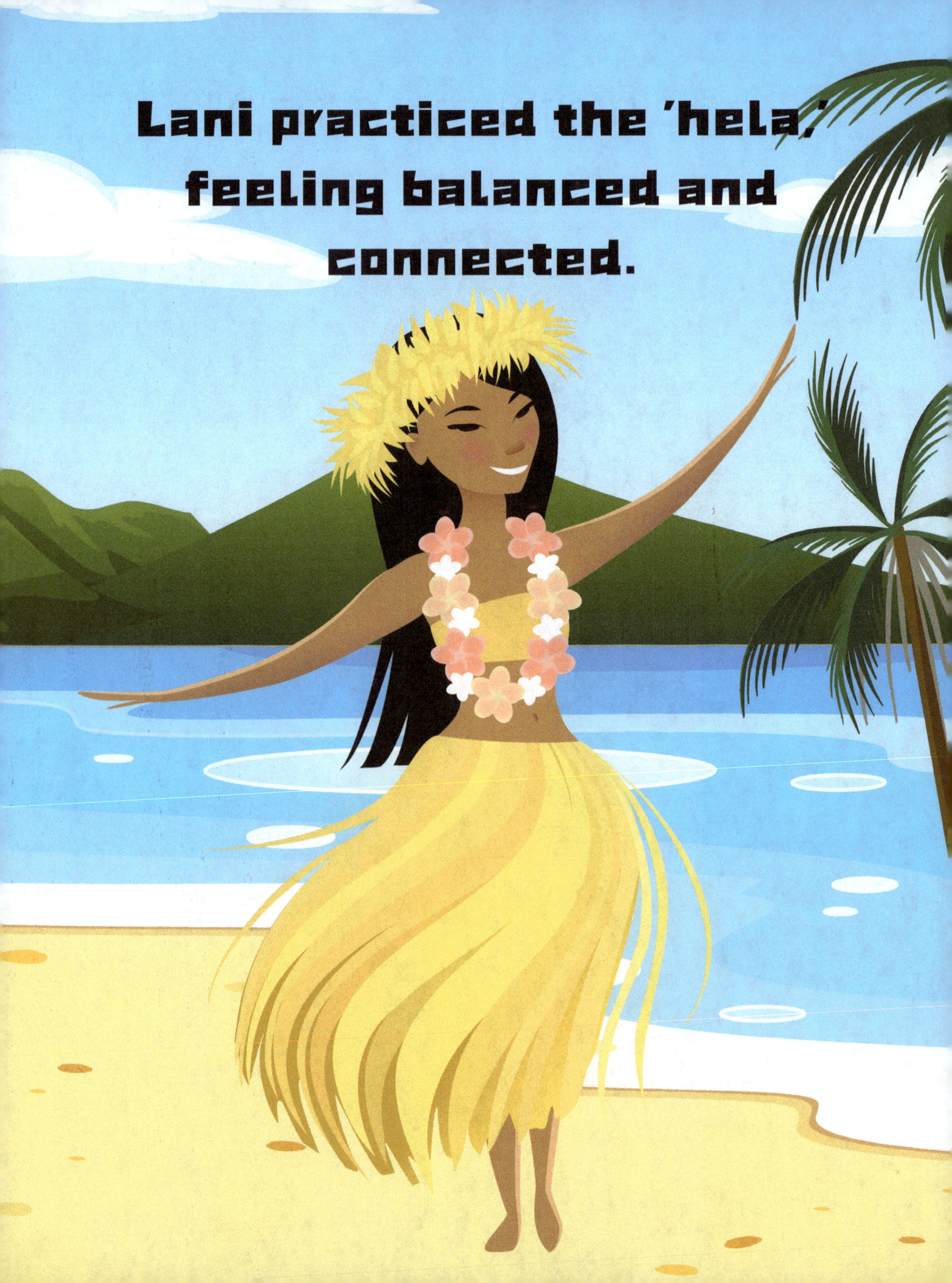

לני תרגלה את ה'הלה', והרגישה מאוזנת ומחוברת.

"Each movement has a special meaning," Tutu explained.

"לכל תנועה יש משמעות מיוחדת", הסביר טוטו.

"Hula isn't just dancing; it's telling a story."

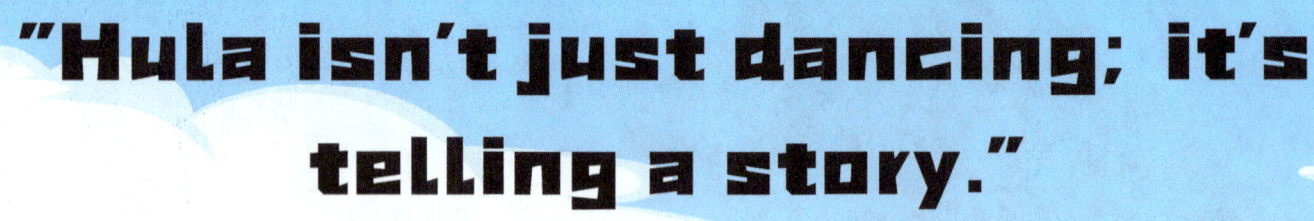

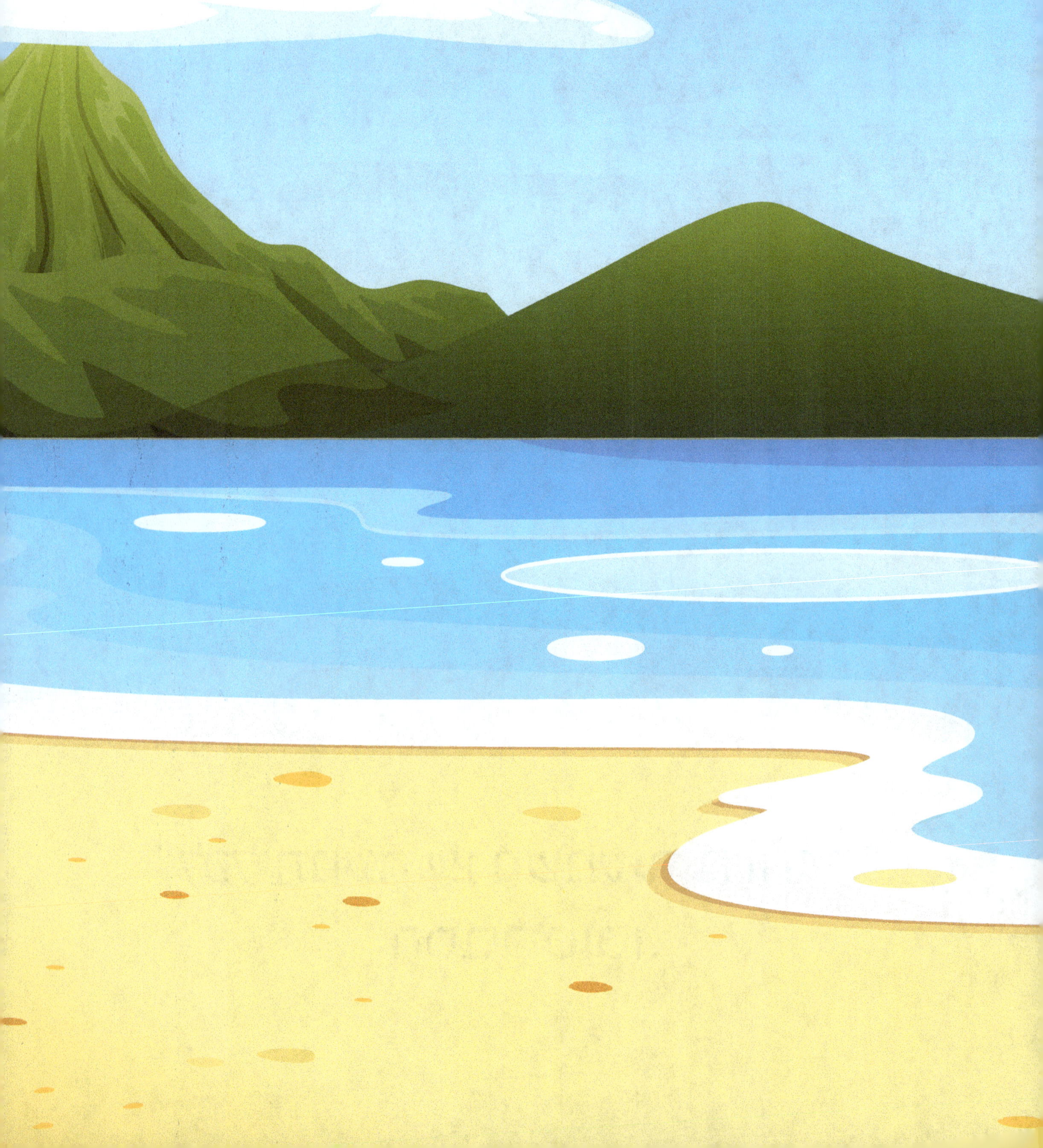

"הולה היא לא רק ריקוד; היא מספרת סיפור."

Lani danced the 'kaholo,' 'ami,' 'uwehe,' and 'hela.'

She felt the waves, hills, joy, and balance.

לאני רקדה את ה-'kaholo',
'uwehe', ''ami' ו-'hela'.

היא הרגישה את הגלים, הגבעות,
השמחה והאיזון.

Lani learned that hula is more than just dance.

לני למדה שהולה היא יותר מסתם ריקוד.

She learned the importance of storytelling through movement and emotion.

היא למדה את החשיבות של סיפור סיפורים דרך תנועה ורגש.

"Hula is a gift," Tutu said, handed down from one generation to the next,

"הולה היא מתנה", אמר טוטו, שעוברת מדור לדור,

Lani's heart was full of aloha for hula.

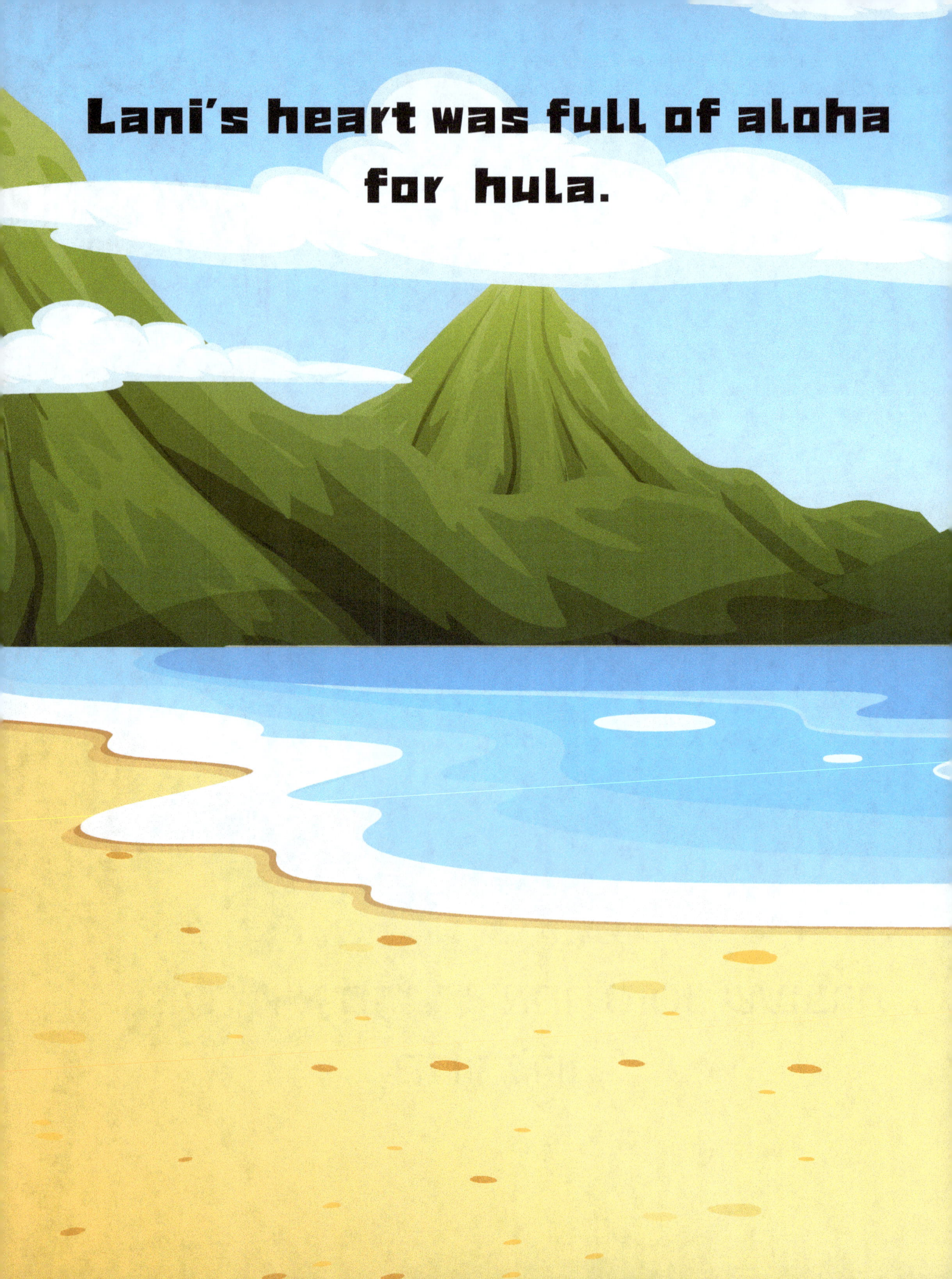

ליבה של לני היה מלא אלוהה להולה.

She danced hula every day with the spirit of Aloha that can only be found in Hawaii!

היא רקדה הולה כל יום ברוח האלוהה
שניתן למצוא רק בהוואי!

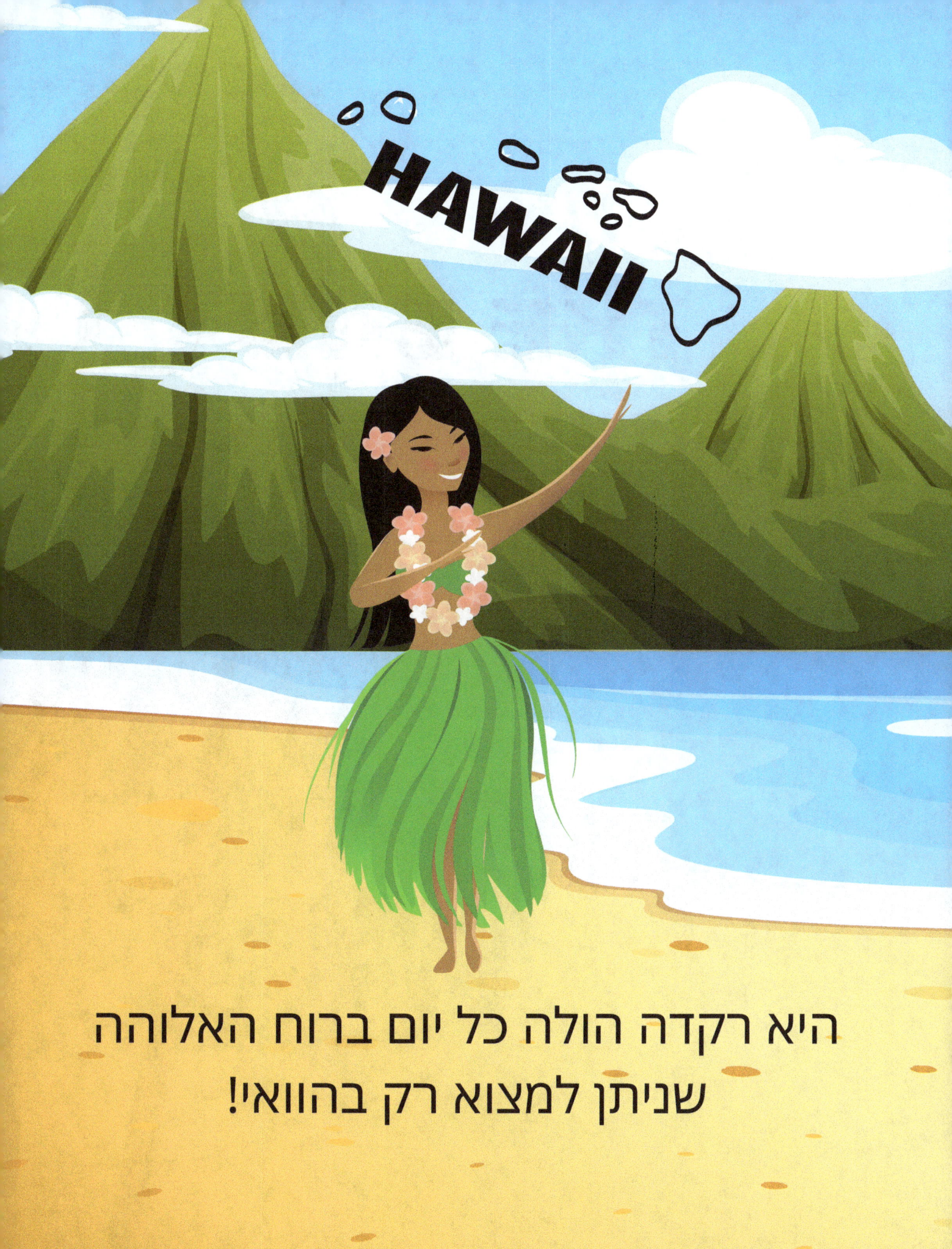

THE END

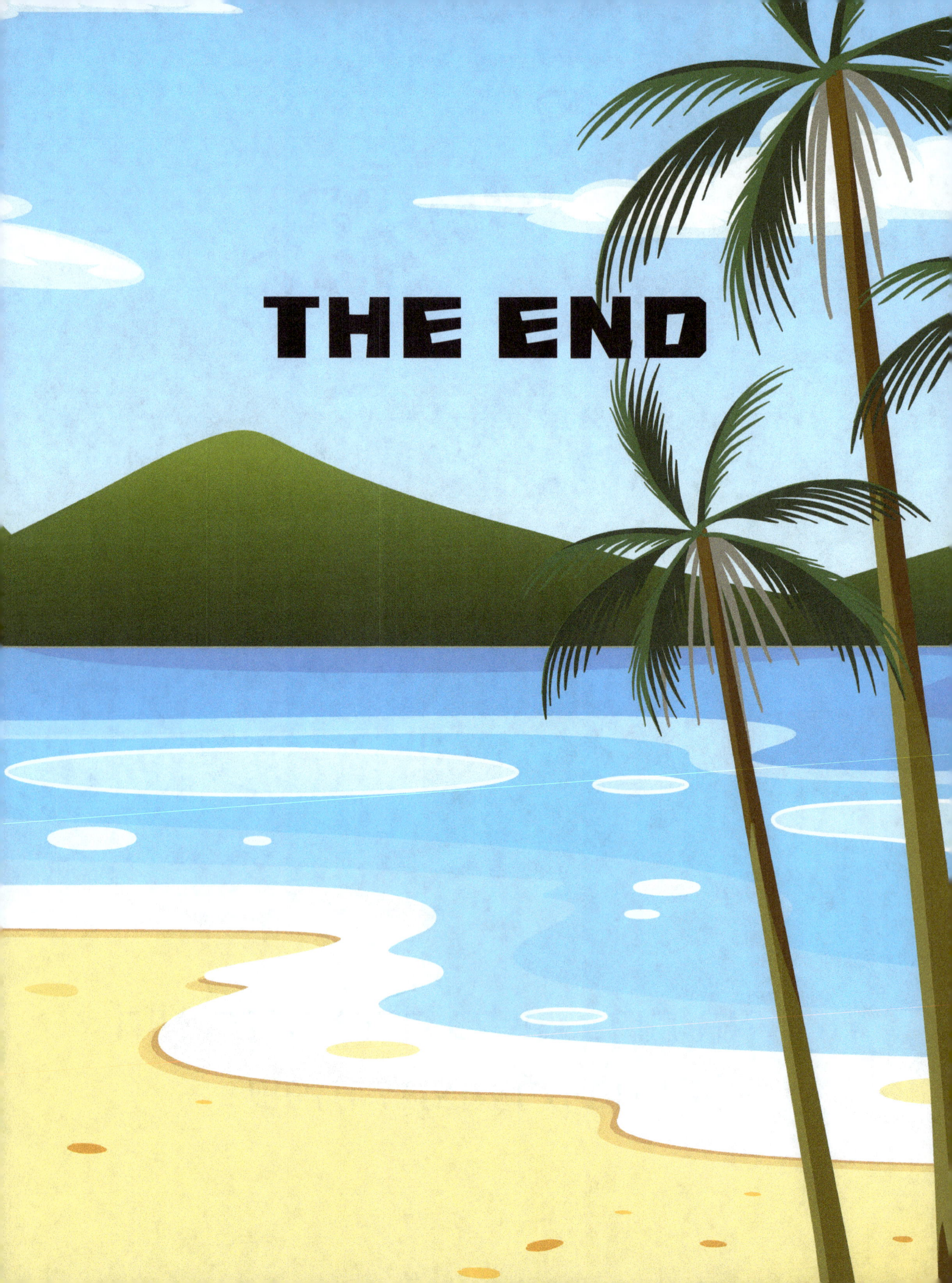

הסוף

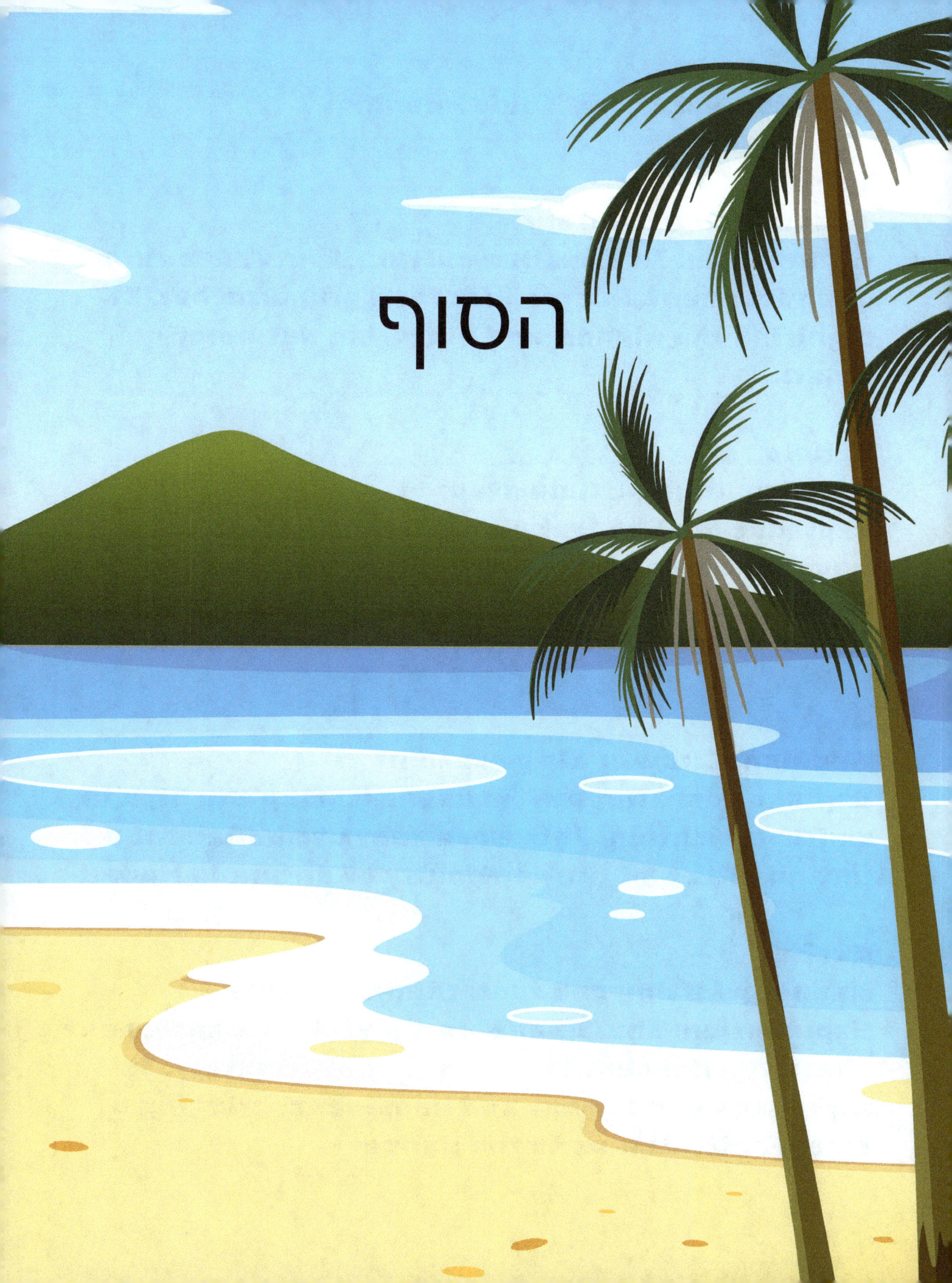

Hawaiian Words and Their Meanings

Tutu
Meaning: Grandmother
Explanation: In Hawaiian culture, "Tutu" is a term of endearment and respect for a grandmother. It signifies the wisdom and nurturing nature of elders.

Kaholo
Meaning: A basic hula step
Explanation: The "kaholo" is a fundamental hula movement involving a side-to-side step. It represents the flowing movement of the ocean waves, reflecting the natural beauty of Hawaii.

Ami
Meaning: Circular hip movement
Explanation: The "ami" involves moving the hips in a circular motion. This movement symbolizes the rolling hills and the continuity of nature in Hawaii.

Uwehe
Meaning: Lifting one foot, then the other
Explanation: The "uwehe" is a joyful hula movement where the dancer lifts each foot alternately. It expresses excitement and happiness, bringing a sense of liveliness to the dance.

מילים בהוואי ומשמעויותיהן

טוטו פירוש: סבתא הסבר: בתרבות ההוואית, "טוטו" הוא מונח של חיבה וכבוד לסבתא. הוא מסמל את החוכמה והאופי המטפח של קשישים.

משמעות הקאהו: צעד הולה בסיסי הסבר: ה"קאהו" היא תנועת הולה בסיסית הכוללת צעד מצד לצד. היא מייצגת את התנועה הזורמת של גלי האוקיינוס, המשקפת את היופי הטבעי של הוואי.

אמי משמעות: תנועה מעגלית של הירכיים הסבר: ה"אמי" כרוך בתנועת הירכיים בתנועה מעגלית. תנועה זו מסמלת את הגבעות המתגלגלות ואת המשכיות הטבע בהוואי.

משמעות הולה אוואהה: הרמת רגל אחת, ואז השנייה. הסבר: ה"אוואהה" היא תנועת הולה שמחה שבה הרקדן מרים כל רגל לסירוגין. היא מבטאת התרגשות ואושר, ומביאה תחושה של חיות לריקוד.

Hela
Meaning: Stepping forward and back
Explanation: The "hela" involves stepping forward and then back. It symbolizes balance and connection, important aspects of hula that show the dancer's harmony with the earth and surroundings.

Aloha
Meaning: Love, respect, hello, goodbye
Explanation: "Aloha" is a versatile and deeply meaningful word in Hawaiian. It encapsulates love, peace, compassion, and a spirit of kindness. It is used both as a greeting and a farewell, embodying the essence of Hawaiian hospitality and warmth.
Additional Context

Hula: Hula is a traditional Hawaiian dance that tells stories through graceful movements and gestures. Each movement in hula has a specific meaning, often related to nature, emotions, and Hawaiian mythology. Hawaiian Culture: The culture is rich with traditions and values that emphasize respect for nature, community, and family. Learning and performing hula is one way to pass on these values and keep the culture alive.

הלה משמעות: צעידה קדימה ואחורה הסבר: ה"הלה" כרוכה בצעדים קדימה ואז אחורה. היא מסמלת איזון וחיבור, היבטים חשובים של הולה המראים את ההרמוניה של הרקדן עם האדמה והסביבה.

אלוהה משמעות: אהבה, כבוד, שלום, להתראות הסבר: "אלוהה" היא מילה רב-תכליתית ובעלת משמעות עמוקה בהוואית. היא מתארת אהבה, שלום, חמלה ורוח של טוב לב. היא משמשת גם כברכה וגם כפרידה, ומגלמת את מהות האירוח והחמימות ההוואית.
הקשר נוסף

הולה: הולה היא ריקוד הוואי מסורתי המספר סיפורים באמצעות תנועות ומחוות חינניות. לכל תנועה בהולה יש משמעות ספציפית, שלעתים קרובות קשורה לטבע, רגשות ומיתולוגיה הוואית.
תרבות הוואי: התרבות עשירה במסורות וערכים המדגישים כבוד לטבע, לקהילה ולמשפחה. לימוד וביצוע הולה הם דרך אחת להעביר ערכים אלה ולשמור על התרבות בחיים.

Books By Schaaf

www.BookBySchaaf.com

Bilingual kids books

Paperback, eBooks and Audio

10 minute behind the scenes Podcast on Spotify
Activity guides exclusively in eBooks
Songs exclusively on Audio version
Some books have companion coloring books

www.ingramcontent.com/pod-product-compliance
Lightning Source LLC
Chambersburg PA
CBHW060538010526
44119CB00052B/756
* 9 7 8 1 0 8 8 2 6 1 8 1 1 *